HERMA KENNEL

Die Reise mit der Pfeffermaus

Lustige Geschichten mit Bildern zum Ausmalen

SCHNEIDER BUCH

Inhalt

Die Reise mit der Pfeffermaus

Die kleine Andrea kommt mit einem Strauß aus dem Blumengeschäft. Die Nelken sind für ihre Tante Rosamunde. Gerade will sie die Blumen in ihr Auto legen, da merkt sie, daß aus dem rechten Hinterreifen die Luft ausgegangen ist.

„So was Dummes", sagt sie, „wo

ist denn der Autoschlüssel?" Sie wühlt alle Taschen durch. Aber den Autoschlüssel findet sie nicht. Da kommt eine riesengroße Maus. „Ah, du suchst sicher den Autoschlüssel?" ruft sie. „Hast du ihn vielleicht steckenlassen?" Andrea sieht auf das Zündschloß. Tatsächlich! Da steckt er. „Danke!" sagt sie zur Maus. „Gern geschehen!" antwortet die Maus. „Aber jetzt müssen wir das Rad auswechseln, nicht wahr?"

Andrea öffnet die Wagentür und legt die Blumen auf den Rücksitz. Aus dem Kofferraum

holt sie den Wagenheber und das
Werkzeug. Die Maus hilft ihr.
„Wie heißt du eigentlich?"
fragt Andrea.
„Ich bin die Pfeffermaus!"
„Und warum bist du viel
größer als normale Mäuse?"
fragt Andrea weiter.
„Ja weißt du, wenn man so
viel Pfeffer ißt, dann wird man
so groß! Aber manchmal möchte
ich etwas ganz Normales essen!"
Andrea befestigt den Wagenheber
unter dem Auto. Die Maus
nimmt inzwischen den Schrauben-
schlüssel und löst damit die
Radschrauben.

„Du kennst dich aber gut aus", wundert sich Andrea.

„Klar!" ruft die Pfeffermaus.

„Habe ich schon oft gemacht!"

„So?"

Nach zwanzig Minuten haben sie das Rad ausgewechselt.

Andrea sieht sich das kaputte Rad an. „Komisch, da muß ich über einen Nagel gefahren sein", sagt sie.

Die Maus kichert leise. „Du verreist?" fragt sie.

„Ja", antwortet Andrea.

Sie verstaut das Werkzeug im Kofferraum, schließt ihn ab und steckt den Schlüssel ins Zündschloß.

10

„Das ist ja wunderbar!"
jubelt die Maus. „Ich wollte
nämlich auch verreisen! Dann
fahren wir zusammen!"
„Was? Das ist unmöglich!"
Die Maus läßt sich nicht
beeindrucken. „Nun hab dich
nicht so! Du hast dich auch
noch nicht vorgestellt!"
„Ja, ich heiße . . . also, es ist
unmöglich, daß du mitkommst!"
„Ich will aber mit!" sagt die
Maus. Sie stampft dabei mit
ihrer Hinterpfote auf den Boden.
„Du bleibst hier, das heißt, nein,
du verschwindest und zwar
sofort!" sagt Andrea.

Die Maus geht um den Wagen herum. „Ich habe Hunger! Hast du schon zu Abend gegessen?" fragt sie.

„Nein, ich bin zum Essen eingeladen", antwortet Andrea.

„Na gut, dann kann ich ja mit dir essen!"

Andrea bleibt der Mund offenstehen. So eine Frechheit!

„Wo ißt du denn?"

„Bei meiner Tante."

„Aha, wir fahren zu deiner Tante!" stellt die Pfeffermaus fest. „Ich wollte sie immer schon kennenlernen. Warum willst du mich denn nicht mitnehmen?"

Beleidigt zieht die Pfeffermaus
eine Schnute.
„Du bist ja ganz nett, aber
mitfahren kannst du trotzdem
nicht!" sagt Andrea.
„Ich fahre mit!" Die Pfeffermaus
stampft diesmal mit beiden
Hinterpfoten auf.
„Nein, das geht nicht!" ruft
Andrea und schlägt mit der
Faust so fest auf das Autodach,
daß ihr die Hand weh tut.
Die Maus kommt auf sie zu.
Sie bleibt vor ihr stehen und sagt:
„Du mußt dich nicht so aufregen.
Wahrscheinlich bist du von Natur
aus nervös?"

„Ich bin der freundlichste, ruhigste, gemütlichste und sanfteste Mensch, den es auf der Welt gibt!" schreit Andrea nun. Vor lauter Aufregung hat sie schon rote Flecken. „Das sieht man!" sagt die Pfeffermaus. „Du brauchst unbedingt Ruhe!" Sie schaut Andrea mit großen Augen freundlich, dann traurig an. Schließlich kullern zwei Tränen über ihre Backen. „Ich hab dir doch aus der Klemme geholfen", schluchzt sie.

Da ist Andrea gerührt: „Also gut, fahren wir!"

Die Maus setzt sich blitzschnell

auf den Fahrersitz, läßt den
Motor an und fragt: „Wohin
fahren wir?"
„Nach Himmelblauhausen. Aber
jetzt mach schon Platz!"
Die Maus kurbelt das Seitenfenster
herunter, streckt ihren Kopf
heraus und piepst: „Du mußt
einsteigen, sonst fahre ich allein
los!"
Die Maus läßt die Handbremse
los. Erschreckt springt Andrea auf
den Beifahrersitz. Die Maus
tritt auf die Kupplung, gibt Gas
und fährt.
„Sag mal", fragt Andrea, „fährst
du oft Auto?"

„Nee", sagt sie, „ich fahre heute zum erstenmal!"

„Was!?" schreit Andrea entsetzt. Die Maus biegt in die Hauptstraße ein.

„Nun hab dich mal nicht so! Irgendwann muß man ja damit anfangen!"

Zugegeben, die Maus fährt nicht schlecht. Nur einmal schreit sie plötzlich „Huch!" und wäre vor Schreck beinahe in den Straßengraben gefahren, als eine schwarze Katze über die Straße huscht. Glücklicherweise kann Andrea noch rechtzeitig das Steuer herumreißen.

„Da sieht man", jammert die
Maus, nachdem sie sich wieder
vom Schreck erholt hat, „daß es
Unglück bringt, wenn einem
eine schwarze Katze über den
Weg läuft. Meine Großmutter sagt
das auch immer!"
„Quatsch!" meint Andrea. „Laß
mich jetzt ans Steuer, du fährst
unmöglich!"
Die Maus gibt Gas und schaut
sie beleidigt an. „Sei froh, daß
ich dich mitnehme!" piepst sie.

Andrea ist heilfroh, als sie nach
einer Stunde Himmelblauhausen
erreichen.

„Fahre an der Kreuzung links und dann gleich wieder rechts", dirigiert sie die Maus. „Wir sind gleich da!"

Die Maus schaltet in den dritten Gang herunter und fährt endlich langsamer. Zum Glück ist kaum Verkehr. Komisch, die Maus bremst nie ab. Andreas Tante Rosamunde bewohnt in der Hähnchenstraße eine baufällige Villa mit Garten. Die Maus biegt in die Hähnchenstraße ein. „Vorne, am großen Tor, da ist es!" sagt Andrea und fügt hinzu: „Langsamer fahren! Bremsen! Bremmmmsen!"

18

„Die Bremse, wo ist die Bremse?"
fragt die Maus.
„Halt!" schreit Andrea. „Halt!
Halt! Bremmmmmmmmmmmsen!"
Sie versucht, das Steuer nach
rechts zu reißen und bemüht sich,
wenigstens die Handbremse
anzuziehen. Zu spät!
Puff! Peng! Krach!
Es gibt einen Knall, einen
Ruck . . . dann steht der Wagen
still.
„Siehst du, es geht auch ohne
Bremse!" belehrt die Maus sie.
Die Vorderfront des Wagens ist
völlig zerbeult. Das Auto war
gegen die Steinmauer gefahren.

„Jetzt haben wir den Salat!"
zischt Andrea. „Und du bist
schuld!"

„Wieso ich?" fragt die Maus.
„Schließlich ist es ja dein Auto!"
Andrea macht die Sicherheitsgurte
auf. „Bist du gefahren oder ich?"

„Ich bin gefahren, aber schließlich kann ich als Maus auch
nicht alles wissen! Außerdem
haben Mäuse eine schmale Pfote,
mit der sie das Bremspedal nicht
gleich finden!"

„Dummes Zeug", schimpft Andrea,
„ob schmale oder breite Pfoten –
Mäuse haben am Steuer nichts zu
suchen! Verstanden?"

Die laute Ankunft war Tante
Rosamunde nicht entgangen.
„Wunderbar, daß du da bist!"
ruft sie erfreut. Sie kommt auf
Andrea zu und umarmt sie.
Andrea überreicht ihr die Blumen.
„Ja, also Tante . . . also . . ."
Tante Rosamunde läßt sie gar
nicht zu Wort kommen, sie sieht
zum Wagen, schlägt die Hände
über dem Kopf zusammen und
ruft: „Ach, du hast schon einen
eigenen Fahrer! Ich wußte doch,
aus dir wird was!"
„Ja . . . also . . ."
„Du mußt dich nicht entschuldigen",
tröstet die Tante.

„Sie ist hier gegen die Mauer . . .
gegegegegen die Mauer gegegege-
fahren . . .", stottert Andrea
verlegen.
„Dann hast du den Fahrer noch
nicht lange", stellt Tante
Rosamunde fest. „Na ja, aller
Anfang ist schwer!"
Sie versuchen, den Wagen in die
Toreinfahrt zu schieben. „Halte
das Steuer ruhig!" ruft Andrea
der Maus zu.
Nach langem Mühen haben sie
den Wagen endlich im Hof. Die
Maus steigt aus, Andrea steigt
ein und läßt den Motor an.
Ein Glück, der Wagen fährt noch!

Rosamunde gibt der Maus die Hand. „Du bist ein bißchen klein", meint sie.

„Klein, aber fein!" kichert die Maus.

„Kinder, ich habe meine Brille vergessen", stellt Rosamunde fest, „aber kommt, das Essen steht schon auf dem Tisch!"

Als die Maus das Wort Essen hört, ist sie nicht mehr zu halten. Sie saust sofort los, die Treppen hoch und in das Haus hinein.

„Der hat's aber eilig", wundert sich die Tante. Und sie ruft der Maus nach: „Die Toilette ist gleich

neben der Haustür! – Mein Kind,
wie schön, daß du da bist",
freut sich Tante Rosamunde.
„Es wird ein wundervoller Abend
werden!"
Als sie das Wohnzimmer betreten,
traut Andrea ihren Augen kaum.
Die Maus sitzt mitten auf dem
Tisch, stopft Käse und Schinken in
sich hinein und was ihr nicht
schmeckt, wirft sie einfach vom
Tisch. Auf dem Teppich liegen
bereits die Teller, zum Teil in
Scherben, das Brot, die Butter,
die Servietten, die Gläser . . .
„Nein!" stammelt Rosamunde.
„Was hast du nur angestellt? –

Dein Fahrer hat wohl keine gute Kinderstube gehabt?"

Andrea läuft krebsrot an. „Raus mit dir! Aber sofort!"

Die Maus kaut mit vollen Backen, sieht kurz zu Andrea herüber und sagt: „Wieso, du hast doch gesagt, daß wir hier zu Abend essen?"

„Der ist aber frech!" erregt sich Tante Rosamunde.

„Tante, es ist kein Fahrer, es ist eine . . ."

In diesem Moment fliegt eine Puddingschale durch die Luft. Der Pudding fällt heraus und klatscht auf Tante Rosamundes

Bluse. „Pudding mag ich nicht!"
piepst die Maus.
„Dieses Unglück, meine schöne
handgestickte Bluse", jammert
Rosamunde.
„Miau! Miau!" hört man es
plötzlich aus dem Garten.
Alle sehen zum Fenster. Draußen
stolzieren zwei dicke Katzen.
Die Maus springt mit einem
gewaltigen Satz auf den nächsten
Schrank. Leider reißt sie dabei
auch das schöne Tischtuch vom
Tisch. Alles fällt krachend zu
Boden.
„Was ist denn mit dem los?"
ruft Tante Rosamunde.

„Tante, jetzt hör endlich mal zu, das ist kein Fahrer, das ist eine Maus!"

„Was? Ich falle in Ohnmacht!

Warum hast du das nicht gleich gesagt? Eine Maus! Hilfe, eine Maus!" jammert Rosamunde.
„Die Maus muß raus!"
„Nicht bevor diese scheußlichen fetten Katzen weg sind!" beharrt die Maus.
„Die Maus muß raus!" zetert Rosamunde.
Andrea geht zum Schrank.
„Runter!" schreit sie die Maus an.
„Erst die Katzen!"
„Also gut!" Andrea läuft in den Garten und versucht, die Katzen wegzujagen. Tante Rosamunde beschimpft unterdessen die Maus.
Die Maus knabbert an einem

Stück Käse und schielt nervös in den Garten.

„Die Maus muß raus!" schreit Rosamunde immer wieder.

Nach einiger Zeit sind endlich die dicken Katzen verschwunden.

Andrea geht ins Wohnzimmer zurück.

„Die Maus muß raus!" ruft Rosamunde ihr entgegen.

„Raus, aber endgültig!" befiehlt Andrea.

„Ich geh ja schon!" mault die Maus. „Nicht mal in Ruhe zu Abend essen kann man!"

Andrea kocht vor Zorn: „Raus!"

Die Maus springt vom Schrank,

schnappt sich den letzten
Schinken vom Boden und trippelt
auf Andrea zu.

„Dich will ich nie mehr sehen!"
zischt Andrea wütend.

„Keine Angst, bei der Bewirtung
komme ich auch nicht mehr!
Bin ja nicht doof!"

„Raus!" brüllt Andrea.

„Moment, ich geh ja schon!
Hoffentlich parkt draußen ein
Auto!"

„Meinst du etwa, daß dich
jemand mitnimmt?" sagt Andrea
und lacht grimmig.

„Na klar!" antwortet die Maus
listig. „Ich mache es genauso wie

bei dir: Ich beiße bei einem Auto ein Loch in den Reifen und helfe dem Fahrer. Dann nimmt er mich mit!"

Die Maus lacht piepsend und saust davon.

Fliegengewicht
besiegt Schwergewicht

Zwei junge Wanzen standen vor
einer Anschlagtafel, die an einem
Baum im Wald befestigt war.
Es war ein heißer Julitag.
„Lies mal, was da steht!" befahl
Molly, die dicke Wanze.
„Immer muß ich lesen", jammerte
Sisi, die dünne Wanze. „Nur
weil ich drei Monate zwischen
Zeitungspapier gelebt habe!"
„Stell dich nicht so an! Lies!

Ich bin neugierig, was da steht!"
Da begann die dünne Wanze
lispelnd vorzulesen:

An alle Winzigtiere!

Am kommenden Samstag findet ein
Großer Talentwettbewerb
statt.

Jeder darf zeigen, was er kann. Alle sind
eingeladen, die ein Gewicht von fünf Gramm
und eine Länge von fünf Zentimeter
nicht überschreiten.

Höhepunkt des Abends:

Fliegengewicht besiegt Schwergewicht!

Beginn nach Einbruch der Dämmerung
auf der Talentmulde, drei Weitsprünge vom
Tümpel entfernt!

Eintritt frei!

Veranstalter:
Der Verein zur Entdeckung unentdeckter Talente.

„Ich mache mit!" sagte die dicke
Molly.

„Ich trete auch auf!" lispelte Lisi.

„Du, wir treten gemeinsam auf!"

Die Nachricht von dem bevor-
stehenden Ereignis sprach sich in
Windeseile im Wald herum, und
es entstand eine große Aufregung
unter den kleinen Tieren. Selbst
ein junger Regenwurm wollte
mitmachen.

„Aber was willst du denn
überhaupt vorführen?" fragte ihn
seine Mama. „Singen kannst du
nicht, springen kannst du nicht
und tanzen schon gar nicht!"

„Ich will vorführen, wie man wächst!" antwortete der kleine Regenwurm und wischte sich einen Erdklumpen von der Nase. „Bist du noch bei Trost?" rief seine Mama aus. „Du hast doch gehört, nur bis zu fünf Zentimetern Länge ist man zugelassen!" „Macht nichts! Dann führe ich eben vor, wie man sich halbiert!" rief der kleine Wurm. „Na meinetwegen", seufzte die Mama.

Viele bereiteten sich auf den großen Abend vor. Nicht von der Teilnahme abzubringen war ein

Floh, der den Ehrgeiz hatte,
einmal in einem Flohzirkus
auftreten zu können.
„Der spinnt ja!" riefen die Flöhe
höhnisch.
Doch der Floh übte sich täglich
im Hoch- und Weitsprung.
Er war befreundet mit einer
ebenso ehrgeizigen Laus. „Ich
singe ein Lied dazu", sagte sie.
Die beiden probten ihren Auftritt
von Sonnenaufgang bis zum
Sonnenuntergang. Vielleicht
können wir gewinnen und
berühmt werden, dachten sie sich.
Auch drei Schnecken namens
Schnick, Schnack und Schnuck,

die miteinander verwandt waren,
beschlossen mitzumachen.
„Was wollen wir vorführen?"
fragte die jüngste Schnecke.
„Frag nicht lange! Wir haben
keine Zeit zu verlieren!" antwortete
die älteste.
„Los, wir müssen wegrennen",

rief Schnack, „unterwegs wird uns schon was einfallen!"
Also machten sich die drei Schnecken auf den Weg.

Keines der Tiere konnte genau sagen, wer diesem Verein zur Entdeckung unentdeckter Talente eigentlich angehörte. Und niemand von all den Hoch- und Weitspringern, Sängern, Tänzern und Fliegengewichten fand es verdächtig, daß die Talentmulde ganz nahe bei einem Tümpel lag.
„Ich sehe aus wie eine Primadonna!" jubelte Molly. Sie hatte sich einen Goldfaden aus einem

zerrissenen Faschingskleid gezogen
und ihn als Schleife um ihre
Taille gebunden. Jetzt sah sie
noch dicker aus.
„Hoffentlich singst du auch so!"
lispelte Lisi, die dünne Wanze.
Sie wollte zum Gesang von
Molly tanzen und hatte sich ein
Stück Tüll um die Schultern
gebunden. Beide hausten seit
einer Woche in einer alten
Matratze auf dem Schuttablade-
platz.
Einem kleinen Mistkäfer, den alle
Stinki riefen, wurde das bevor-
stehende Ereignis von einer Libelle
mitgeteilt.

„Du mußt wissen", surrte die Libelle, „daß es eine große Sache ist. Ich werde als Hubschrauber auftreten!" Dabei surrte sie hoch, drehte eine Schleife und flog im Sturzflug wieder nach unten.

„Ich mache auch mit!" rief Stinki begeistert.

„Du? Was kannst du denn anderes als Mist fressen?" machte sich die Libelle lustig.

„Ich kann doch eine Mistkugel rollen", sagte der Mistkäfer.

„Na, dann viel Glück, Stinki!" surrte die Libelle und verschwand. Auch zwei Bücherläuse beschlossen mitzumachen. Sie bewohnten ein

Bücherregal. Eine Bücherlaus fraß mit Vorliebe Zeitungen an, und zwar den Sportteil. Früher hatte sie einmal Schulbücher angeknabbert, aber weil es da nichts zu lachen gab, war sie auf Zeitungen übergewechselt. Nun plante sie, beim Talentwettbewerb als Sportreporter aufzutreten.

Ihre Kusine, die zuletzt ein Buch über Flugzeuge zerfressen hatte, wollte eine Flugvorführung geben, obwohl sie Angst hatte, sich dabei weh zu tun.

Endlich war der Samstagabend gekommen. Es dämmerte bereits. Glühwürmchen flogen auf und ab. Sie waren als Scheinwerfer angestellt.

Die drei Schnecken waren immer noch unterwegs. „Warum müssen wir eigentlich immer unser Haus mit uns rumschleppen?" fragte Schnick erschöpft und wischte sich mit dem rechten Fühler den Schweiß vom linken Fühler.

„Ja, warum das ausgerechnet an einem Tümpel sein muß?" wunderte sich auch Schnack. „Das hätte doch genausogut in der Waldlichtung bei der großen Eiche sein können. Das wäre viel näher gewesen!"

„Möglich", antwortete Schnuck,

„aber kommt Kinder, wir
müssen schneller kriechen, damit
wir rechtzeitig ankommen!"
Am Rande des Tümpels hatte sich
inzwischen die bunte Schar von
Insekten, Klein- und Kriechtieren
versammelt. Eine Küchenschabe
drängte sich vor: „Ich möchte
anfangen!" rief sie laut.
Sie hatte früher in einer Bäckerei
gehaust und war erst kürzlich,
versteckt in einer schäbigen
Kuchenform, auf den kalten
Abfallplatz geworfen worden.
Sie wollte jede Gelegenheit ergreifen,
um wieder in wärmere und
bessere Verhältnisse zu kommen.

Sie stellte sich in die Mitte und
sang ein selbstgedichtetes Lied:
„Weil ich es endlich weiß,
in Spanien ist es heiß!
Und niemals richtig Winter,
drum geh ich gleich hininter!"
„Was für ein Käse!" riefen die
Heuschrecken empört. „Die weiß
nicht einmal, daß es ‚hinunter',
statt ‚hininter' heißt!"
„Aber dann reimt es sich doch
nicht!" sagte die Küchenschabe
gekränkt.
„Abtreten! Abtreten! Der Nächste!"
Der kleine Mistkäfer trat vor.
„Was will denn der?" fragte eine
Fliege.

„Ruhe!" brüllte Molly.

Der kleine Mistkäfer kroch aufgeregt in die Mitte. Er hatte großes Lampenfieber, und seine blauschwarzen Flügel glänzten noch mehr als sonst.

Die Zuschauer pfiffen: „Raus! Abtreten! Der stinkt und kann nichts!"

Der kleine Mistkäfer erschrak sehr.

„Der sieht vielleicht blöd aus!" rief jemand.

Die Fliegen, die der Mistkäfer öfters verjagt hatte, schrien besonders laut: „Stinklangweilig! Der kann nichts! Stinki raus!"

Alle lachten und die Heuschrecken
schoben ihn grob beiseite.
„Au!" jammerte Stinki. „Ihr tut
mir weh!" Er krabbelte so schnell
er konnte auf ein Schilfrohr am
Tümpel. „Wenn ich schon nichts
vorführen darf, dann will ich
wenigstens zuschauen können",
sagte er. Eine Träne kullerte über
seine Backen.
„Tröste dich", rief ihm die Küchenschabe zu, „mich haben sie auch
ausgelacht!"
Inzwischen führte die Libelle
ihren Flug vor. Die Zuschauer
klatschten. Die Libelle wölbte
stolz die Brust und fragte: „Von

wem bekomme ich eigentlich
meine Medaille?"

„Ja, wo bleiben die Veranstalter?"
fragten zwei Mücken.

„Keine Ordnung hier!" schimpfte
die Wanze.

Jetzt traten der Floh und die
Laus auf. Der Floh machte
Weit-, Kopf-, Hoch- und Seiten-
sprünge. Die Laus sang dazu:

„Ohne eine Laus,
ist das Leben aus!
Ohne einen Floh,
ist es ebenso!"

„Die sind aber eingebildet!" riefen
die Zuschauer empört.

„Ja", riefen Lisi und Molly, „wir
können das besser! Ruhe bitte!"
Molly trat vor, räusperte sich
und zupfte ihren Goldfaden
zurecht. Kaum hatte Molly den
Wanzentango angestimmt,
tänzelte Lisi elegant auf und ab.
Es war mäuschenstill.
Stinki wippte vergnügt im
Tangorhythmus auf seinem
Schilfrohr. Plötzlich stockte ihm
der Atem.
Fünf große grüne Frösche hatten
lautlos einen Kreis um die
Spielerschar gebildet und sperrten
ihre breiten Mäuler auf, um die
kleinen Tiere zu verschlingen.

„Achtung, Frösche! Frösche!
Frösche!" schrie Stinki aus Leibes-
kräften.
Mit einem Schlag entstand ein
heilloses Durcheinander!
Alle liefen kreuz und quer. Die
Mücken konnten vor Schreck

nicht losfliegen. „Hilfe, wir werden gefressen!" schrien sie.

„Hahaha, haben wir euch schön reingelegt!" quakten die Frösche. „Eurer Dummheit verdanken wir heute ein Festessen! Der Talent-wettbewerb hat sich für uns gelohnt!"

„Laus, die waren die Veranstalter?" sagte der Floh entsetzt.

Starr vor Angst versteckte sich Lisi hinter Molly. Der Schreck lähmte alle. Da gab es kein Entrinnen!

Nur Stinki fühlte sich hoch oben auf seinem Schilfrohr in

Sicherheit. Da kam ihm die
rettende Idee. Laut schrie er:
„Kinder wir sind gerettet! Da
vorne kommen zwei Störche!"
Als die Frösche das Wort
„Störche" hörten, klappten sie
entsetzt die Mäuler zu, drehten
sich um, machten einen Satz
und verschwanden im Wasser.
Stinki hüpfte herunter.
Nachdem die Tiere wieder Luft
geholt hatten, fragten sie: „Wo
sind denn die Störche?"
„Nirgends", antwortete Stinki,
„das habe ich nur geschrien,
damit die Frösche Angst
bekommen und Reißaus nehmen!"

Am nächsten Tag luden die
Heuschrecken Stinki und die
anderen Tiere zu einem großen
Fest an der Waldlichtung bei der
Eiche ein.

Schnick, Schnack und Schnuck
erreichten, völlig außer Atem,
gerade die Eiche. „Ihr könnt
gleich hierbleiben", sagten die
Heuschrecken, „denn die
Veranstalter vom Verein zur
Entdeckung unentdeckter Talente,
waren fünf riesengroße Frösche!"
„Um Himmels willen!" schrien
die drei Schnecken. „Ein Glück,
daß wir so langsam sind!"
Dann wurde Stinki gefeiert. Der

kleine Mistkäfer holte die
Küchenschabe zu sich in die
Mitte. Schließlich war sie die
einzige gewesen, die ihn getröstet
hatte, als alle anderen ihn
ausgelacht hatten.
Stinki wurde hochgehoben und
alle riefen im Chor: „Stinki, du
bist der Größte! Du hast uns
gerettet! Stinki lebe hoch!"

Ein Pinguin zählt bis eins

Eines Tages machte sich ein kleiner Pinguin auf und davon. „Die Kinderschule ist langweilig", sagte er sich, „und die Erwachsenen sind noch langweiliger!" Der Pinguin watschelte in das Wasser, setzte sich auf eine Eisscholle und ließ sich von ihr auf das offene Meer hinaustreiben. Wenn er Hunger hatte, hüpfte er von der Eisscholle in das Wasser und tauchte nach Fischen. Am

liebsten aß er Krebse. Erst vor
kurzem hatte er gelernt, sie so
geschickt mit dem Schnabel zu
packen, daß sie ihn mit ihren
Zangen nicht zwicken konnten.
Wenn ihm seine kleine Eisscholle zu
langsam schwamm, dann legte
er sich auf den Bauch und
ruderte mit seinen Flügeln.
Es wurde jeden Tag etwas wärmer,
denn die Eisscholle trieb gegen
Süden. Und da das Wasser sich
erwärmte, schmolz die Eisscholle.
„So was Dummes, jetzt muß ich
schwimmen", jammerte der
Pinguin, nachdem die Eisscholle
völlig zerschmolzen war.

Der kleine Pinguin schwamm und schwamm. Die Geschichte hätte bestimmt ein böses Ende genommen, wenn nicht plötzlich in der Ferne eine kleine Insel aufgetaucht wäre. Mit letzter Kraft robbte der kleine Pinguin auf die Insel.

„Geschafft", hauchte er erschöpft. Er legte sich auf den Rücken, streckte alle viere von sich und schlief drei Tage und drei Nächte hindurch ununterbrochen.

Er wachte erst wieder auf, als die Sonne am vierten Tag hoch am Himmel stand.

„Hatschi!" machte der Pinguin.

Er mußte laut niesen, weil sich eine Mücke auf seine Nase gesetzt hatte.

„Pah!" zischte die Mücke und surrte davon.

Der kleine Pinguin nieste noch einmal. Dann stand er auf und schüttelte sich. „Jetzt habe ich Hunger!" sagte er. Er watschelte um die Insel herum.

„Ist hier denn niemand?" fragte er. Aber es gab nur einen Baum. Sonst nichts.

„Die Insel ist aber klein", wunderte sich der Pinguin, „da hätten nicht mal alle Pinguine von der Kinderschule Platz."

Er kicherte, rutschte in das
Wasser und schnappte sich
einen Krebs.
Zunächst fühlte sich der kleine
Pinguin auf der Insel wohl.
Dann wurde es ihm mit der Zeit
langweilig. Es passierte nichts.
Es gab niemanden. Und es war
nichts da.
„Was könnte ich nur machen?"
fragte sich der Pinguin. Er
wiegte seinen Kopf hin und her.
„Wenn wenigstens die Mücke
wiederkäme. Vielleicht weiß sie
etwas?" Aber die Mücke kam
nicht. Es kam überhaupt
niemand. Und der kleine

Pinguin dachte sehr, sehr lange
nach.

Möglich, daß es die rotgoldene
Sonne oder auch nur der Wind
war – auf einmal hatte der
kleine Pinguin eine Idee. „Ich
will versuchen, zu zählen!"
jubelte er. Er konnte allerdings
nur bis eins zählen. Das war
nicht verwunderlich: Es gab
nur eine Insel. Es gab darauf
nur einen Baum. Es gab nur
einen Mond und es gab nur
eine Sonne. Und dann gab es
nur einen Pinguin.

„Ich kann zählen!" sagte der
Pinguin stolz. Und von da an

zählte er fast Tag und Nacht.
In der Nacht zählte er den
Mond. Am Morgen zählte er die
aufgehende Sonne. Am Nach-
mittag zählte er einmal die Insel,
dann wieder den Baum. Und
zwischendurch zählte er sich.
Nun wird man selbst des
Zählens überdrüssig, wenn man
es immer macht. Vor allem,
wenn man nur bis eins zählt.
„Langweilig! Langweilig!"
jammerte der Pinguin. „Ich kann
doch nicht immer zählen! Das
hält der stärkste Pinguin nicht
aus!"
Er dachte nach.

„Was könnte ich nur machen?"
fragte er sich. „Und außerdem
ist es hier noch langweiliger als
in der langweiligen Kinderschule!"
Der kleine Pinguin dachte eine
ganze Woche lang nach, bis er
sich daran erinnerte, daß die
Fische öfters um die Wette
schwammen. Das brachte ihn
auf eine Idee.
„Wettrennen! Ich mache Wettrennen!" rief er begeistert.
Von da an veranstaltete der
kleine Pinguin Wettrennen mit
sich selbst. Er stellte sich an den
Inselrand, gab das Startzeichen
und watschelte los. Immer um

die Insel herum. Und dabei
versuchte er, sich zu fangen.
Wenn er gewonnen hatte, hielt er
an, gratulierte sich und wölbte
vor Stolz seine Brust. Dann
watschelte er weiter, bis ihm der
Atem ausging.
Der kleine Pinguin rannte jeden
Tag. Und er war sehr beschäftigt,
denn er mußte alles allein
machen.
Aber eines Tages bekam er
Kopfweh vom Immer-im-Kreis-
herum-Rennen, und er mußte
sich ausruhen.
„Was könnte ich jetzt machen?"
fragte er sich. „Na ja, ich will

es überschlafen. Vielleicht fällt
mir morgen etwas ein!"
Der kleine Pinguin legte sich zum
Schlafen. In der Nacht weckte
ihn der Mond.
„Na so was, was will denn der?"
wunderte sich der Pinguin.
Die Mondstrahlen tanzten auf
seinem weißen Bauch. Doch
plötzlich verschwanden sie. Der
Mond versteckte sich hinter einer
Wolke.
„Ich hab's", rief der kleine
Pinguin, „ich hab's! Versteck-
spielen!"
Dann hüpfte und watschelte er
vor Freude um den Baum herum.

Am nächsten Morgen bei Sonnenaufgang buddelte der Pinguin
Löcher in den Sand und versteckte
sich darin. Er versteckte sich im
Wasser und hinter dem Baum.
Dann suchte er sich. Und wenn
er sich gefunden hatte, hüpfte er
vor Freude.

Eines Tages aber passierte etwas
sehr Merkwürdiges: Der kleine
Pinguin fand sein Versteck nicht
mehr.

„Wo bin ich nur?" fragte er
aufgeregt. Er wühlte den Sand
durch, schaute in den Baum,
rannte um die Insel herum, aber
er fand sich nicht mehr. Er

watschelte durch das Wasser und
schaufelte die Baumwurzeln frei.
„Wo könnte ich bloß sein?"
Der Pinguin fragte in der Nacht
den Mond und bei Tag die Sonne.
Aber beide taten so, als wüßten
sie von nichts.
„Hatschi!" machte der Pinguin
plötzlich.
Er mußte niesen, weil die Mücke
wieder auf seiner Nase saß.
„Du bist immer noch da?" fragte
die Mücke.
Da bekam der Pinguin wieder
einen klaren Kopf: „Ah, hier bin
ich ja!" rief er glücklich.
„Du bist vielleicht komisch!"

wunderte sich die Mücke. „Ich an deiner Stelle wäre schon längst weggeflogen!"

„Hatschi!" nieste der Pinguin.

„Na, dann einen schönen Tag!" wünschte die Mücke. Sie breitete ihre Flügel aus und surrte hoch.

„Gefunden! Gefunden!" rief der Pinguin. „Die Mücke hat mich gefunden!"

Verstecken aber wollte sich der Pinguin nie mehr.

„Wer weiß, vielleicht finde ich mich einmal nicht mehr? Und was dann?"

Der kleine Pinguin wollte wieder zurück.

„Langweiliger als hier kann es nirgends sein!" sagte er und wollte gerade einschlafen, als er plötzlich am Horizont etwas auftauchen sah. War es ein Schiff, ein Eisberg?
Sofort verabschiedete sich der Pinguin von der Insel und dem

Baum, rutschte in das Wasser
und schwamm.
„Das ist ja ein Schiff!" freute er
sich, als er näher kam. „Da
muß ich mitfahren!"
Der Pinguin setzte sich auf den
Anker am Bug des Dampfers und
fuhr mit. Die Fahrt dauerte lange.
An einem sehr hellen Tag um die
Mittagszeit sah der kleine Pinguin
in der Ferne endlich seine Eisberge.
Er sprang mit einem Satz in das
Meer und schwamm auf sie zu.
„Pinguin, da bist du ja!" riefen
die Pinguine begeistert.
„Ich bin wieder da!" jubelte der
kleine Pinguin.

Die Pinguine umringten den kleinen Ausreißer.

„Wunderbar, daß du wieder da bist!" freute sich seine Mama. Sie trippelte immer wieder um ihn herum.

„Kannst du uns was von deiner Reise erzählen?" fragte der Pinguinbruder neugierig.

„Später! Zuerst will ich euch zeigen, daß ich zählen kann!" sagte der kleine Pinguin stolz.

„Was? Du kannst zählen?" wunderten sich die Pinguine. Und dann begann der kleine Pinguin zu zählen: Die Pinguin-großmutter: „Eins!", den Pinguin-

großvater: „Eins!", die

Pinguintante: „Eins!", die

Pinguinmama: „Eins!", den

Pinguinvater: „Eins!", den

Pinguinonkel: „Eins!", den

Pinguinbruder: „Eins!", die

Pinguinschwester: „Eins!" ...

Der verschwundene Luftballon

Eines Morgens war der Luftballon
weg. Susann suchte ihn. Doch
der Luftballon blieb verschwunden.
Susann fragte ihren kleinen
Hund: „Hast du den Luftballon
irgendwo gesehen?" Aber der
wedelte nur mit seinem Schwanz.
Susann fragte ihre Puppe Isolde
und den Teddybär. Doch beide
zuckten nur mit den Schultern
und konnten keine Auskunft
geben.

„Wir müssen ihn suchen gehen,
und das sofort!" rief Susann
entschlossen.
Aber dafür war der Teddybär
nicht zu haben. „Etwas suchen,
das ist mir zu anstrengend",
brummte er. Die Puppe Isolde
freute sich. Sie hatte ein neues
Kleid an und damit gehen
selbst Puppen gerne aus dem
Haus. Susann klemmte sich
Isolde unter den Arm, wünschte
dem Teddybär einen schönen
Tag, und ging mit dem kleinen
Hund hinunter auf die Straße.
Gleich um die Ecke links stand
die Gemüsefrau.

„Mein Luftballon ist weg, hast
du ihn nicht gesehen?"
Die Gemüsefrau mochte Wirsing
und Blumenkohl, Gänse-
blümchen und Endiviensalat.

Aber Luftballons, die mochte sie
ganz besonders gern.
„Acht Augen sehen mehr als
sechs!" rief sie vergnügt. „Ich
werde ihn mit euch suchen
gehen!"
Auf der großen Kreuzung
regelte ein Polizist den Verkehr.
„Polizisten wissen viel", erklärte
die Gemüsefrau. „Wir fragen
ihn!"
„Wir suchen den Luftballon,
hast du ihn gesehen?"
Der Polizist dachte nach. Doch
ihm fiel nur ein, daß er am
Morgen einen Zeitungsleser, eine
Menge Autos, einen Blumen-

verkäufer, zwei Straßenwalzen,
einen Himbeereis-Verkäufer,
einen Kran und einen Papageien-
besitzer gesehen hatte. Aber
keinen Luftballon. Und da er
Ordnung über alles liebte, ging
er mit, den Luftballon zu
suchen.
Als der Koch des Wirtshauses
„Zur lustigen Eiche" die fünf
durch das Küchenfenster sah,
rannte er hinaus. „Ist etwas
passiert?" fragte er.
„Wir suchen den Luftballon!"
antwortete die Gemüsefrau und
ging weiter.
„Da muß ich mit!" rief der Koch,

ging mit, und ließ sein Fleisch
in der Pfanne anbrennen.
Als der Kranführer hörte, man
suche einen Luftballon, schloß er
sich an. Er hatte schon viel
gesucht, aber noch nie einen
Luftballon. Auch der Zeitungsverkäufer freute sich. Er wollte
das Luftballon-Suchen seinen
Kindern als Gute-Nacht-
Geschichte erzählen. Nachdem
auch der Milchmann, der Bäcker
und der Eismann sich ange-
schlossen hatten, war die Straße
voll von Menschen. Und alle,
alle suchten den Luftballon.
Die Puppe Isolde schaute an den

Randstein. Die Gemüsefrau auf
den Kirschbaum. Der Polizist
schaute hinter die Verkehrsampeln
und der Milchmann in die
Kellerfenster. Der kleine Hund
buddelte Löcher in den Sand.
Er war sehr eifrig bei der Sache.
Nur der Zeitungsverkäufer, der
schaute auf die Rathausuhr.
Und da – es war kaum zu
glauben – hing der Luftballon
zwischen Rathausuhr und
Steinfiguren. „Da oben ist er!"
rief er und machte vor Freude
einen Luftsprung.
Susann bat den Rathaus-Turm-
wächter, den Luftballon zu

holen. Alle standen inzwischen vor dem Rathaus und schauten gebannt nach oben. Der kleine Hund kläffte vor Aufregung den Polizisten und die Gemüsefrau an. Dabei kam er sich sehr wichtig vor. Der Turmwächter beeilte sich. Er rannte die Wendeltreppe des Rathausturms hinauf und holte hoch oben den Luftballon durch ein kleines Fenster herein.

Unten wartete Susann gespannt. Ob der Turmwächter es schaffen würde? Die Gemüsefrau mußte vor lauter Aufregung weinen. Und der Eismann drückte jedem

Luftballonsucher eine Waffel
mit Himbeereis in die Hand.
Als der Turmwächter Susann
den Luftballon überreichte,
drückte sie ihn fest an sich.
Wie schön, daß er wieder da war.
Dann gingen alle wieder zurück
an die Arbeit. Der Zeitungsverkäufer pries seine Zeitungen
an. Der Kranführer drehte seinen
Kran weiter. Der Eismann
rührte frisches Himbeereis an. Der
Koch warf ein neues Stück
Fleisch in die Pfanne. Der
Polizist ließ die Autos losfahren,
und die Gemüsefrau verkaufte
wieder gelbe Rüben und

Kohlrabi. Und manchmal dachte
sie dabei an den Luftballon.
Susann aber hüpfte vor Freude
mit dem Luftballon, dem kleinen
Hund und der Puppe Isolde nach
Hause. Nur, warum der Luftballon verschwunden war, das
wußte sie nicht. Und das sagt
ihr der Luftballon ganz
bestimmt nicht. Auch Luftballons
dürfen ein Geheimnis haben.

Das Telefon läutet.

Die Hexe Viermalgrün nimmt den Hörer ab. Viermalgrün heißt sie deshalb, weil sie erstens grüne Haare hat und zweitens und drittens einen Raben namens Grüngrün besitzt. Viertens ist Grün ihre Lieblingsfarbe. „Hier Viermalgrün", sagt sie, „wer da?"

„Grüß Gott, hier ist die Katastrophenabteilung des

Rathauses", antwortet die
Stimme am Telefon ganz
aufgeregt.

„Ja was gibt es denn?" fragt
die Hexe.

„Der Löwe ist soeben aus dem
Zoo ausgerissen! Sie müssen ihn
unbedingt zurückhexen!
Unbedingt!"

„Ach du liebe Güte!" entfährt es
der Hexe. „Wie ist denn das
passiert?"

„Das wissen wir auch nicht",
erwidert der Mann von der
Stadtverwaltung. „Der Löwe ist
aus dem Zoo ausgerissen und
kein Mensch weiß, wo er steckt!

Sie müssen ihn unbedingt zurück-
hexen! Am besten gleich, bevor
ein Unglück passiert!"
Viermalgrün läuft eine
Gänsehaut über den Rücken.
„Ich will's versuchen", seufzt sie.
Sie hängt den Hörer auf und
läßt sich in ihren Sessel
plumpsen. „Wie hext man einen
Löwen her?" fragt sie.
Grüngrün setzt sich auf ihre
Schulter: „Löwe ausgerissen!
Löwe herhexen! Löwe selbst
schuld!" kräht er.
„Halt den Schnabel!" schimpft die
Hexe. „Aber wie hext man einen
Löwen her?"

Vor vier Monaten hatte die
Hexe in der Tageszeitung folgende
Stellenanzeige gelesen:

„Die Stadt Löwenhausen
sucht zum sofortigen Eintritt eine

Hexe

die mit allen Hexenangelegenheiten
vertraut ist.

Bewerbungen mit den üblichen
Unterlagen sind an die Stadtverwaltung
zu richten."

„Da bewerbe ich mich!" hatte die
Hexe gesagt, nachdem sie die
Anzeige gelesen hatte. Sofort hatte
sie sich hingesetzt, eine Bewerbung
geschrieben und sie zusammen

mit ihren Hexenzeugnissen als
Eilbrief auf der Post aufgegeben.
Es hatten sich an die fünfund-
zwanzig Hexen bei der Stadt
Löwenhausen beworben, darunter
auch drei Sumpfhexen, zehn
Kräuterhexen und sogar eine
Gewitterhexe. Aber Viermalgrün
war unter all den Bewerberinnen
als die geeignetste ausgesucht und
bei der Stadt Löwenhausen
eingestellt worden.
In den vier Monaten hatte es
allerlei zu hexen gegeben: Einmal
mußte sie einen Hausbrand
weghexen, weil die Feuerwehr
nicht rechtzeitig an Ort und

Stelle war. Ein andermal rief der Bürgermeister am Vormittag bei ihr an und klagte, er habe seine Brille daheim vergessen, und sie möge ihm doch bitte seine Brille in das Rathaus hexen, was sie sofort tat. Dann wieder war ein Wasserrohr geplatzt und hatte eine Wohnung überschwemmt. Die Hexe hexte damals das Wasser in das Wasserrohr zurück. Fünf entflogene Wellensittiche hatte sie schon mit Erfolg in ihre Käfige zurückgezaubert. Selbst verlorene Handtaschen hatte sie zu ihren Besitzern heimgehext.

Aber jetzt ein Löwe!
Alles kann die Hexe zurück-,
her-, rein-, raus-, rüber-, runter-
und weghexen, aber einen
Löwen hat sie noch nie hergehext.
Ratlos schlägt die Hexe das
Hexenbuch auf. Aber auf keiner
Seite steht auch nur ein Wort
über einen Löwen.
Da läutet das Telefon schon
wieder. Seufzend nimmt Viermalgrün den Hörer ab.
„Hallo! Hier spricht der Reporter
vom ‚Löwenblatt'. Haben sie wegen
des Löwen schon etwas
unternommen? Haben Sie ihn in
den Zoo zurückgehext? Dumme

Sache, daß der Löwe ausgerissen ist, nicht wahr? Aber so haben wir Reporter zum Glück auch was zu schreiben, ha, ha, ha!"

„Nein", sagte Viermalgrün, „zurückgehext habe ich ihn noch nicht! Und wenn ich ständig Anrufe bekomme, dann komme ich vor lauter Telefonieren überhaupt nicht zum Hexen! Auf Wiederhören!" Wütend knallt sie den Hörer auf und setzt sich in ihren Sessel zurück.

„Einen Löwen herhexen! Wie hext man einen Löwen her?"

Da läutet das Telefon. „Wer ist denn das schon wieder?"

Die Hexe nimmt den Hörer ab.
Am Telefon ist der Bürgermeister
von Löwenhausen: „Bitte hexen
Sie den Löwen in den Zoo
zurück! Wir müssen sonst
befürchten, daß er jemanden
frißt! Die Polizei ist bereits im
Einsatz. Aber sie findet den
Löwen nicht. Sie sind unsere
einzige Hoffnung!"
Die Hexe verspricht dem
Bürgermeister, so schnell wie
möglich zu hexen. „Allerdings",
so schwindelt sie schnell, „ist es
ein furchtbar langer Hexenspruch.
Es ist der längste Hexenspruch,
den es gibt! Das kann unter

Umständen Stunden dauern!"
„Trotzdem! Hexen Sie bitte
schnell!" sagt der Bürgermeister
und hängt auf.
Viermalgrün läuft in ihrem
Zimmer auf und ab. „Einen
Löwen herhexen! Wie hext man
einen Löwen her?"
„Wenn du ihn nicht herhexen
kannst", kräht Grüngrün,
„dann mußt du ihn halt suchen!"
„Grüngrün", ruft Viermalgrün,
„du bist ein Engel! Genau das
müssen wir tun!"
„Quatsch!" beschwert sich
Grüngrün. „Ich bin doch ein
Rabe!"

Aber wo fangen wir an zu suchen? überlegt die Hexe. „Vielleicht ist er zum Tierarzt gegangen, weil er eine Grippe hat so wie ich letzte Woche", krächzt der Rabe mit heiserer Stimme. „Das kann möglich sein. Komm, wir fliegen zum Tierarzt!" sagt Viermalgrün.

Sie verschließt die Wohnungstür und holt ihren Besen aus der Garage. Dieser Besen ist kein gewöhnlicher Hexenbesen.

O nein! Er besitzt einen richtigen Motor, den die Hexe ihm kürzlich angehext hat.

Viermalgrün kurbelt den Motor

an, klemmt sich Grüngrün unter
den Arm, setzt sich auf den
Besen, legt den ersten Gang ein
und fliegt zum Tierarzt. Für
eine Hexe fliegt sie im allgemeinen
sehr schnell, was Grüngrün oft
verärgert. Der Rabe ist völlig
zerzaust, als die Hexe vor der
Tür des Tierarztes vom Besen
steigt und auf den Klingelknopf
drückt.

„Nichts als Ärger hat man mit
deiner Fliegerei!" schimpft der
Rabe und schaut grimmig
seinen verlorenen Schwanzfedern
nach. Wenn das so weiter geht,
hat er bald keine mehr.

Die Haustür öffnet sich und die Hexe tritt ein. „Haben Sie einen Löwen bei sich?" fragt sie den Tierarzt.

„Einen Löwen?" wundert sich der Tierarzt. „Nein, ein Löwe ist nicht hier!"

„Schade", bedauert die Hexe. Sie verabschiedet sich und saust davon.

Viermalgrün fliegt in Richtung Wald. „Wer weiß", sagt sie, „vielleicht hält er sich dort versteckt?"

Die Hexe kreist über einem Tümpel und schaut hinunter. „Grüngrün, guck mal! Was ist

denn da für ein Durcheinander?
Lauter Kleintiere und fünf
Frösche! Nein, da kann kein
Löwe sein!"
Die Hexe dreht ab und saust
nach Löwenhausen zurück.
Dort kreist sie über dem
Marktplatz.
„Lauter Leute sieht man", kräht
der Rabe, „aber einen Löwen
sehe ich nicht!"
„Was baumelt denn da für ein
Luftballon am Rathausturm?"
wundert sich Viermalgrün.
„Aber wir müssen weiter! Ich
habe keine Zeit, ihn herunter-
zuholen!"

Die Hexe überfliegt jedes Haus von
Löwenhausen. Aber nirgendwo
ist auch nur ein Löwenhaar zu
sehen. Da sieht sie, wie die
Pfeffermaus gerade wieder ein
Loch in einen Autoreifen beißt.
„Die müßte man bei der Polizei
anzeigen!" kräht der Rabe.
Die Hexe hext schnell die Luft in
den Autoreifen zurück.
Vielleicht ist der Löwe unter der
Erde? überlegt Viermalgrün.
Sie zieht den Besen steil nach
unten, landet genau neben
einem Kanaldeckel, hext ihn
hoch und saust hinunter zu den
Abwasserkanälen.

„Die letzten Federn verliere ich
noch!" schimpft Grüngrün.
„Hier stinkt es aber", wundert
sich Viermalgrün, als sie im
Kanal unter der Hauptstraße
entlangfliegt. „Keine normale
Hexe hält so was aus!"
Viermalgrün hält sich die Nase
zu und fliegt, so schnell sie
kann, beim nächsten Kanaldeckel wieder hinaus.
„Komm, wir fliegen zum
Stadtpark! Da waren wir noch
nicht!" schlägt Grüngrün vor.
Die Hexe schaltet den Besenmotor
in den vierten Gang und fegt
wie ein Blitz zum Stadtpark.

Grüngrün schaut verärgert nach
hinten, weil ihm im Fahrtwind
schon wieder eine Schwanzfeder
herausfliegt.
„Das ist ja nicht möglich!" ruft
Viermalgrün, als sie nach unten
schaut.

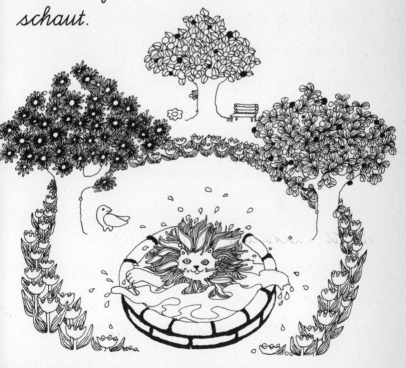

Und tatsächlich: Da badet der Löwe seelenruhig im Spring-brunnen des Stadtparks.

Die Hexe saust nach unten.

„Löwe", sagt sie, „was machst du denn da?"

„Ich bade", brummt der Löwe.

„Ja warum denn?" fragt Viermalgrün. „Ich suche dich schon überall! Nirgendwo bist du zu finden!"

„Der Zoo ist ein Schweinestall! Da kann ich mich als Löwe gar nicht waschen! Mein Papa in Afrika hat immer gesagt, ich muß jeden Tag ins Wasser!"

„Normalerweise baden Löwen

überhaupt nicht", wundert sich
die Hexe.

„Möglich", brummt der Löwe,
„aber ich will baden! Und
damit basta!"

„Hm. Aber kannst du nicht
freiwillig in den Zoo
zurückkommen?" fragt
Viermalgrün.

„Da gibt's Staub von den
Kamelen, Gestank von den
Stinktieren und Lärm von den
Affen! Ich bleibe im Park!
Basta!"

Die Hexe ist ratlos. „Bitte gehe in
den Zoo zurück!" bittet sie den
Löwen.

Der Löwe schaut Viermalgrün kurz an, dann steckt er seinen großen Löwenkopf in das Wasser und brüllt: „Ich bleibe! Basta!"

„Was nun?" krächzt Grüngrün.

„Ich frage den Bürgermeister", antwortet die Hexe. Sie fliegt in die nächste Telefonzelle und ruft im Rathaus an. „Der Löwe ist im Stadtpark", berichtet sie außer Atem dem Bürgermeister. „Aber er will dort bleiben!"

„So?" wundert sich der Bürgermeister von Löwenhausen. „Wenn der Löwe nicht aus dem Springbrunnen weggehen will",

schlägt die Hexe vor, „dann
sollte man einen großen Käfig
über ihn und den Springbrunnen
hexen!"
Keine dumme Idee! überlegt der
Bürgermeister. „Dann lassen wir
den Löwen im Park, und
vielleicht gehen die Kinder öfters
den Löwen besuchen", fährt der
Bürgermeister fort.
„Ich hexe! Auf Wiedersehen!" ruft
Viermalgrün.
Schnell saust sie zum Springbrunnen zurück und hext einen
wunderschönen, riesengroßen
Käfig über den Löwen, den
Springbrunnen und auch ein

Stück Park, damit der Löwe in
aller Ruhe spazierengehen kann.
„Wunderbar!" brüllt der Löwe.
Er schüttelt sich vor Freude so
stark, daß das Wasser aus
seinem Fell in alle Himmels-
richtungen spritzt.
Inzwischen ist der Löwenkäfig
von jubelnden Löwenhausenern
und vom Reporter des „Löwen-
blatts" umringt. Alle winken aus
Leibeskräften dem Löwen zu.
Die Hexe, Grüngrün und der
Löwe werden von allen Seiten
fotografiert.
„Uaaaaah!" brüllt der Löwe.
Und seitdem wohnt der Löwe

von Löwenhausen nicht mehr
im Zoo, sondern im
Springbrunnen des Stadtparks
von Löwenhausen.

© 1976 Franz Schneider Verlag GmbH
Frankfurter Ring 150 · 8000 München 40
Titelbild und Illustrationen: Herma Kennel
Umschlagkonzeption: Heinz Kraxenberger
Redaktion: Monika Raeithel-Thaler
ISBN: 3 505 07656 2

INGRID UEBE

Ich wünsch mir einen Vogel

Peter hat einen Vogel. Nein, keinen im Kopf. Peter hat einen Vogel im Käfig. Er ist gelb und ein bißchen grün und hat blanke schwarze Augen. Manchmal sieht Peters Vogel traurig aus. Das kommt, weil er so allein ist, meint Peter. Darum wünscht er sich zum Geburtstag einen zweiten Vogel. Einen Vogelfreund für seinen Bello. Doch es sieht zunächst nicht so aus, als ginge der Wunsch in Erfüllung.

Das Besondere:
Jemanden liebhaben heißt, für ihn mitempfinden, sich verantwortlich fühlen – das lernen Kinder auch über die Freundschaft zu einem Tier.

SABINE JÖRG

Zwei Schweinchen sehen fern

Schwipp und Schwapp sind zwei lustige Schweinchen. Am liebsten tollen sie mit ihrer Freundin Sara auf der Wiese herum. Bis Bauer Bölte einen Einfall hat, wie er die Schweinchen mästen kann: Er stellt einen Fernseher auf die Schweinewiese! Beinahe wäre ihm sein Plan gelungen ...

Das Besondere:
Kinder sehen gerne fern, aber sie sollten auch den Ausschaltknopf finden. Diese Geschichte fordert Kinder dazu auf, über dem Fernsehen Freunde und Spiele nicht zu vergessen.

URSEL SCHEFFLER

Drei pfiffige Hasenbrüder

Sie sind immer für eine Überraschung gut: Flix,
Flax und Firlefanz. Darum werden sie auch die
Hasenbande genannt. Immer wieder führen sie
die Großen an der Nase herum. Doch als der
wilde Fuchs erscheint, zeigt sich, daß sie nicht
nur lustige Streiche im Kopf haben, sondern
daß sie auch ausgesprochen mutig sind.

Das Besondere dieses Buches:
Ein Buch, das garantiert Spaß macht. Nicht nur beim
Lesen der lustigen Geschichte, sondern auch beim
Suchen und Finden der vielen bunten Ostereier.

ANNE WEBER

Ich zähl die Schäfchen eins, zwei, drei

Christine liegt im Bett und langweilt sich. Daß Eltern sonntags immer so lang schlafen müssen! Christine beginnt die Schäfchen auf ihrem Vorhang zu zählen: eins, zwei, drei . . . Doch was ist das? Ein Schäfchen ist verschwunden! Da muß die ganze Familie sofort suchen helfen, das ist klar. Und so kommt es, daß Christine mit Vater, Mutter und der kleinen Schwester gemütlich im Bett liegt, und jeder erzählt ein aufregendes Abenteuer vom kleinen verschwundenen Schaf.

Das Besondere an diesem Buch:
Mit der Familie kuschelig im Bett zu liegen und auf Abenteuer-Reise ins Land der Phantasie zu gehen – so beginnt der Sonntag gut! – Ein Sonntagsbuch für alle Kinder.

SCHNEIDER BUCH